J'AI COMPROMIS

MA FEMME

COMÉDIE

Représentée pour la première fois, à Paris, sur le théâtre du GYMNASE, le 13 février 1861.

LAGNY. — Typographie de A. VARIGAULT et Cie.

J'AI COMPROMIS
MA FEMME

COMÉDIE-VAUDEVILLE EN UN ACTE

PAR

MM. LABICHE ET DELACOUR

PARIS

MICHEL LÉVY FRÈRES, LIBRAIRES-ÉDITEURS

RUE VIVIENNE, 2 BIS

—

1861

Tous droits réservés

PERSONNAGES

VERDINET, agent de change............ MM. GEOFFROY.
GALINOIS, ancien notaire............. LESUEUR.
ERNEST DE MONNERVILLE... ...... GILBERT.
HECTOR DE MARBEUF................ TOUSÉ.
JEAN............................... LEFORT.
MADAME DÉSAUBRAIS...... .... Mmes GEORGINA.
HENRIETTE VERDINET...... .... ALBRECHT.

La scène se passe à Bagnères de Bigorre, dans un hôtel.

S'adresser, pour la mise en scène exacte et détaillée, à M. HÉROLD, régisseur de la scène; et, pour la musique, à M. JUDIN, bibliothécaire-copiste, au théâtre du Gymnase.

J'AI COMPROMIS MA FEMME

Le théâtre représente un salon commun de l'hôtel : deux portes au fond ; portes à droite et à gauche ; piano à droite, deuxième plan ; fauteuils, chaises, canapé, table, etc.

SCÈNE PREMIÈRE.

MADAME DÉSAUBRAIS, HENRIETTE, GALINOIS, HECTOR, puis JEAN.

(Au lever du rideau, madame Désaubrais et Henriette sont assises à gauche, près d'une table. Madame Désaubrais fait de la tapisserie, et Henriette attache des rubans à son chapeau de paille. Hector est debout près du piano et feuillette un album ; Galinois, assis, lit le journal.)

MADAME DÉSAUBRAIS, à Galinois.

Est-ce tout, monsieur ?

GALINOIS.

Absolument tout, madame... Ah! non, il y a encore la dernière page, la liste des voyageurs arrivés cette semaine à Bagnères.

HENRIETTE.

Y sommes-nous, monsieur ?

GALINOIS.

En tête, mademoiselle.

HENRIETTE, bas, à madame Désaubrais.

Mademoiselle !... Si mon mari l'entendait !

HECTOR, à part, regardant Henriette.

Comme elle est jolie sans chapeau !

GALINOIS, lisant.

« Madame Désaubrais et sa nièce, de Paris... »

MADAME DÉSAUBRAIS.

C'est bien cela.

HECTOR.

Et moi, monsieur ?

GALINOIS.

Vous y êtes aussi, jeune homme. (Lisant.) « Monsieur Hector Marbeuf... de Paris. »

HECTOR.
Comment! Marbeuf? Ils n'ont pas mis *de* ?
GALINOIS.
Si, ils ont mis : de Paris.
HECTOR.
Non, ils n'ont pas mis de Marbeuf.
GALINOIS.
Non, ils ont économisé la particule.
HECTOR.
Ça ne m'étonne pas... j'ai des ennemis dans la presse... Mais je réclamerai.
GALINOIS.
Tiens! ils m'ont estropié aussi. (Lisant.) « Monsieur Gatinois, ancien notaire. » (Parlé.) Je m'appelle Galinois... mais je ne réclamerai pas.
HENRIETTE, se levant et mettant son chapeau dont elle noue les rubans.
Là!... Maintenant je puis défier le vent.
HECTOR, à part.
Elle est encore plus jolie avec son chapeau.
MADAME DÉSAUBRAIS, se levant, et à Henriette.
Il est bientôt midi... Si nous allions à la poste?
HENRIETTE.
Volontiers! (Bas, à sa tante.) Nous y trouverons sans doute une lettre de mon mari.
HECTOR, à part.
Toute réflexion faite, j'ai envie de risquer ma demande en mariage.
JEAN, entrant par la porte du fond à gauche. A Galinois *.
Monsieur, on envoie dire de l'établissement que votre bain est prêt.
GALINOIS.
C'est bien... J'y vais.
JEAN.
Je vous engage à vous dépêcher, parce que, vu l'affluence, on n'accorde qu'une demi-heure à chaque baigneur.
GALINOIS, se levant.
Je le sais parbleu bien!... La demi-heure expirée, crac! on ouvre la soupape et vous êtes à sec!
JEAN.
C'est le règlement.
GALINOIS.
Hier, j'ai échoué dans ma baignoire.
MADAME DÉSAUBRAIS, saluant.
Messieurs...
HECTOR.
Mesdames, voulez-vous me permettre de vous accompagner?

---

* Jean, Galinois, madame Désaubrais, Henriette, Hector.

MADAME DÉSAUBRAIS.

Avec plaisir.

HECTOR, à part.

Je prends le bras de la tante... et, en route, je lui fais ma demande.

ENSEMBLE.

Air de MANGEANT (*Monsieur va au Cercle*).

GALINOIS.

Du temps il faut qu'on profite,
Chaque moment est compté ;
Au bain, rendons-nous bien vite,
Car le bain, c'est la santé.

JEAN.

Du temps il faut qu'on profite,
Chaque moment est compté ;
Au bain rendez-vous bien vite,
Car le bain, c'est la santé !

HECTOR, à part.

Lorsque la tante m'invite
Par un regard de bonté ;
Sachons profiter bien vite
Du bonheur d'être écouté.

HENRIETTE ET MADAME DÉSAUBRAIS.

A la poste allons bien vite ;
De ce Paris regretté,
Une lettre a le mérite
De nous rendre la gaîté.

(Hector sort par le fond, à gauche, en donnant le bras à madame Désaubrais ; Henriette les suit ; Galinois sort du même côté.)

SCÈNE II.

JEAN, puis MONNERVILLE, puis VERDINET.

JEAN, seul.

Midi... la diligence de Tarbes doit être arrivée. (Monnerville entre du fond à droite, suivi d'un commissionnaire qui porte sa malle et son sac de nuit *.)

MONNERVILLE.

Garçon !

JEAN.

Un baigneur !... Monsieur désire une chambre ?

MONNERVILLE.

Mieux que cela, mon ami,... un appartement.

---

* Jean, Monnerville.

JEAN, désignant une porte à droite.

Nous avons le numéro 7... Il communique avec le 8 et le 9... Deux chambres et un salon.

MONNERVILLE.

Très-bien.

JEAN.

Un salon superbe, avec un portrait du patron peint par M. Jules... lui-même.

MONNERVILLE.

M. Jules ?... Qu'est-ce que c'est que ça?

JEAN.

C'est un peintre de Bagnères, qui nous devait cinquante francs.

MONNERVILLE, riant.

Ah! je comprends! (Au commissionnaire, lui indiquant la droite.) Par ici! (Il entre à la suite du commissionnaire.)

VERDINET, paraît au fond à gauche, portant un sac de nuit et un paquet enveloppé dans du papier, qu'il tient soigneusement du bout des doigts*.

Garçon!

JEAN.

Monsieur! (A part.) Encore un baigneur?

VERDINET.

Où est ma femme?

JEAN.

Votre femme, monsieur ?... Je ne la connais pas... Comment est-elle?

VERDINET.

Elle est... très-jolie!

JEAN.

Dans notre établissement, ces dames le sont toutes.

VERDINET.

Je te demande madame Verdinet... Henriette Verdinet!

JEAN.

Nous n'avons personne de ce nom-là.

VERDINET.

Ah!... Au fait, c'est juste... Alors, où est ma tante?

JEAN.

Quelle tante?

VERDINET.

Madame Désaubrais!

JEAN.

Madame Désaubrais!... Ah! oui, monsieur... elle est ici... avec sa nièce... une charmante demoiselle.

VERDINET.

Eh bien, cette demoiselle-là, c'est ma femme!

JEAN.

Ah bah!... Alors, vous êtes son mari?

---

* Verdinet, Jean.

VERDINET.
Naturellement... Où sont ces dames?
JEAN.
Elles viennent de sortir pour aller à la poste. (Indiquant la gauche.) Voici leur appartement.
VERDINET.
C'est bien ; je les attendrai... Ont-elles déjeuné?
JEAN.
Non, monsieur, pas encore.
VERDINET.
Tu mettras un couvert de plus.
JEAN.
Si monsieur veut me donner son sac de nuit. (Il le prend, et veut s'emparer de l'autre paquet.)
VERDINET.
Non, pas ça, c'est sacré ! (Jean entre à gauche avec le sac de nuit.)

SCÈNE III.

VERDINET, puis HECTOR.

VERDINET, montrant le petit paquet.
Des meringues à la pistache que j'apporte à ma femme... C'est sa passion... Les meringues et moi, voilà tout ce qu'elle aime. Aussi, tous les jours, en sortant de la Bourse, j'entre chez Julien... le pâtissier du Vaudeville... et l'on peut me voir entre quatre et cinq avec ma ficelle au bout du doigt... Par exemple, c'est la première fois que je voyage avec cette frêle pâtisserie... ce n'est pas précisément commode... Je tiens cela à la main depuis Paris... je n'ai pas fermé l'œil... Cependant, à Mont-de-Marsan, je crois que je me suis oublié un moment... j'ai bien peur de m'être endormi dessus... Voyons un peu... (Il ouvre avec précaution un coin du papier pour s'assurer du dégât.)

HECTOR, entrant par le fond à droite, et à part*.
Mariée!... elle est mariée ! Au moment où je me disposais à faire ma demande, j'ai appris que nous allions à la poste chercher une lettre de son mari.

VERDINET, à part.
J'ai positivement dormi... Il y en a une douteuse. (Il pose ses meringues sur la table. Apercevant Hector.) Eh ! mais... je ne me trompe pas... monsieur Hector de Marbeuf, mon client?...

HECTOR.
Monsieur Verdinet... mon agent de change. (Ils se serrent la main**.)

* Verdinet, Hector.
** Hector, Verdinet.

VERDINET.
Ah ! si je m'attendais à vous rencontrer dans les Pyrénées...
HECTOR.
Et moi donc ! (Il pose son chapeau sur les meringues.) Comme on se retrouve !... Qu'est-ce qu'on fait à Paris ?
VERDINET.
On fait 69 70.
HECTOR.
Toujours agent de change ?
VERDINET.
Toujours !... Parlez, j'ai mon carnet. (Il le tire de sa poche.)
HECTOR.
Comment ! d'ici ?
VERDINET.
Par le télégraphe... Nous économiserons le tourniquet... Nous disons deux cents Saragosse ; on lutine beaucoup les Saragosse, en ce moment.
HECTOR.
Oh ! merci ; je n'ai pas le cœur aux affaires : je suis amoureux.
VERDINET.
Amoureux ! (Remettant son carnet dans sa poche.) Rien à faire !
HECTOR.*
Je n'ai pas de chance !... celle que j'aime est mariée...
VERDINET.
Eh bien, ça vous arrête ?
HECTOR.
Dame !
VERDINET.
Moi, ça ne m'arrêtait pas... au contraire !... J'avais la spécialité des femmes mariées... quand j'étais garçon.
HECTOR, riant.
Vraiment ?
VERDINET.
Ah ! j'étais un fier bandit, allez !... le bandit Verdinet !... Mais, maintenant, j'ai engraissé, je suis au parquet, je ne marivaude plus... qu'avec les Saragosse ! Vous n'y mordez pas ? Bonsoir ! (Fausse sortie.)
HECTOR, le retenant et lui offrant une chaise.
Un instant, que diable !... Peut-on demander à monsieur Verdinet... au bandit Verdinet, quelle arme il employait pour dévaliser les maris ?
VERDINET.
Eh ! je ne sais pas si je dois...
HECTOR.
Pourquoi ?

---

* Verdinet, Hector.

SCÈNE III.

VERDINET.

Au fait... un client... (Ils s'asseyent.) D'abord, mon cher ami, quand vous voulez vous faufiler dans un ménage, ne vous présentez jamais comme garçon !

HECTOR.

Vraiment !... Pourquoi ça?

VERDINET.

Voyez-vous... les maris ne connaissent qu'un ennemi... le célibataire... l'affreux célibataire! Dès qu'il paraît, on ferme les portes, on lève la herse et l'on crie sur toute la ligne : Sentinelles, prenez garde à vous !... Tandis qu'un homme marié... c'est un confrère, un allié ; moi, j'étais toujours marié depuis six mois.

HECTOR.

C'est très-joli... Mais quand on demandait à voir madame Verdinet...

VERDINET.

Ah ! c'est là que mon triomphe commençait ! Je m'élevais véritablement à la hauteur de Machiavel ! Je rougissais... je balbutiais... et je finissais par avouer, en demandant le secret, que ma femme, la malheureuse... oubliant ses devoirs et ses serments...

HECTOR.

Hein ?

VERDINET.

Avait déserté le toit conjugal par un jour d'orage !...

HECTOR.

Comment ! vous vous donniez par un mari ?...

VERDINET.

Complétement ! Ah ! dame, il faut du courage. Alors, il se passait dans le ménage que j'attaquais deux phénomènes très-curieux.... le mari devenait très-gai, il pouffait de rire en me regardant... les maris sont étonnants pour rire de cela !

HECTOR.

Et la femme?

VERDINET.

La femme prenait des teintes sérieuses... elle me regardait d'un air singulier qui voulait dire : Pauvre garçon ! si jeune ! le voilà seul, abandonné, son avenir est brisé... Moi, je poussais d'énormes soupirs ; il ne faut pas oublier ça ! Pour l'un, j'étais comique ; pour l'autre, intéressant. J'avais besoin d'être consolé... et comme les femmes ont par-dessus tout l'instinct de la consolation...

HECTOR.

Mais c'est très-fort cela !

VERDINET.

Tiens ! si vous croyez que les agents de change sont des imbéciles! (Riant.) Je me souviens encore de ma dernière expérience... je l'ai pratiquée sur un notaire...

HECTOR, riant.

Oh! un notaire!... Vous ne respectez rien!

VERDINET.

J'étais à Plombières... il y a trois ans... juste un an avant mon mariage... Je m'ennuyais à boire de l'eau... lorsqu'un jour, je rencontrai au bras dudit notaire une petite femme... très-gentille, ma foi!... Une brunette avec des yeux bleus et des mains rouges... Ah! par exemple, les mains rouges... me taquinaient!... Mais, en voyage... Le mari était jaloux, ombrageux... à ce point, que, pour rompre la glace, je fus obligé de corser mon petit mélodrame conjugal... Je lui avouai que je m'étais appliqué cinq coups de couteau et treize gouttes de laudanum pour ne pas survivre à mon infortune!... Il ne tarda pas à me prendre en amitié... et, quinze jours après, il m'appelait Edmond... et sa femme aussi! Il m'obligea à venir habiter le même hôtel que lui, nous mangions ensemble, nous nous promenions ensemble... et sa femme aussi... Il organisait des parties de plaisir pour me distraire... car il était bon cet homme!... mais il ne savait pas monter à cheval... il nous suivait de loin... sur un âne... en portant les châles et les ombrelles...

HECTOR, riant.

C'était le tiers porteur!

VERDINET.

Ah! très-joli!... Au bout de deux mois, je voulus partir... impossible! Il trouvait que je n'étais pas assez consolé... et sa femme aussi! Il voulait m'emmener chez lui, à sa campagne.

HECTOR.

Qu'avez-vous fait?

VERDINET, se levant, ainsi qu'Hector.

Je m'en suis débarrassé en lui donnant mon adresse... une fausse adresse... et je n'en ai plus entendu parler!

Air : *Restez, restez, troupe jolie.*

C'est une méthode charmante;
Elle inspire au cœur des époux
Une confiance étonnante;
Elle endort les maris jaloux
D'un sommeil bienfaisant et doux.
La sécurité qu'elle laisse
Empêche de sentir le mal;
Bref, mon ami, c'est une espèce
De chloroforme conjugal.
Oui, mon ami, c'est une espèce
De chloroforme conjugal.

HECTOR.

Ma foi! j'ai bien envie d'essayer de votre recette... qu'est-ce que je risque?

VERDINET.

Marié et trompé! tout est là!

HECTOR.

Adieu!

VERDINET.

Vous sortez?

HECTOR.

Je vais boire mon second verre d'eau. (A part.) Je cours rattraper ces dames! (Il prend son chapeau qu'il avait posé sur les meringues, et sort vivement par le fond à gauche.)

SCÈNE IV.

VERDINET, puis GALINOIS.

VERDINET, seul.

Sac à papier! il a mis son chapeau sur les meringues! (Il prend le paquet et soulève un coin du papier avec précaution.) Ça y est!... Il y en a deux douteuses maintenant! Posons-les là! (Il place le paquet sur le piano.)

GALINOIS, entrant furieux du fond à droite*.

A sec!... ils m'ont encore laissé à sec! je n'ai pas eu ma demi-heure! (Il pose sa canne avec colère sur le piano, et touche aux meringues.)

VERDINET, se retournant.

Sapristi! fais donc attention!

GALINOIS, le reconnaissant.

Tiens! vous, Edmond?

VERDINET, à part.

Oh! aïe! mon notaire de Plombières!

GALINOIS, lui serrant les mains, avec effusion.

Mon ami... mon bon ami!...

VERDINET.

Ce cher Galinois! si je m'attendais à le rencontrer...

GALINOIS.

Qu'êtes-vous devenu depuis trois ans?

VERDINET.

Depuis trois ans...

GALINOIS.

Je suis allé pour vous voir... rue des Petites-Écuries...

VERDINET.

Vous ne m'avez pas trouvé? J'ai déménagé!

---

* Verdinet, Galinois.

GALINOIS.
Verdinet... je vous en veux de ne pas m'avoir écrit!
VERDINET.
Que voulez-vous?... j'ai voyagé...
GALINOIS.
Ah! oui!... pour oublier... toujours vos chagrins domestiques... (Avec intérêt.) Voyons, êtes-vous plus heureux?
VERDINET.
Oui... oui... le temps... les distractions...
GALINOIS.
Pauvre ami!... Et ce misérable, qu'est-il devenu?
VERDINET.
Quel misérable?
GALINOIS.
Ernest...
VERDINET.
Qui ça, Ernest?
GALINOIS.
Eh bien, Monnerville... celui qui a séduit votre femme!
VERDINET.
Chut! plus bas! (A part.) Un nom de station... ligne d'Orléans!... quatre kilomètres d'Estampes!
GALINOIS.
Qu'en avez-vous fait?... Vous vouliez le tuer?...
VERDINET.
Je m'en suis débarrassé...
GALINOIS.
Ah! et comment?
VERDINET.
Comment? (A part.) Il m'ennuie ce notaire! (Haut.) C'était un soir... sur le boulevard... devant Tortoni... le temps était couvert... de gros nuages blafards grimaçaient à l'horizon...
GALINOIS.
Ah! c'est horrible!
VERDINET.
Il achetait *la Patrie*, le misérable! D'un bond, je fus près de lui, et, d'un geste...
GALINOIS.
Hein?
VERDINET.
Je lui coupais la figure avec mon gant! Vlan! vlan!
GALINOIS.
Une provocation! un duel!
VERDINET.
Rassurez-vous!... il a refusé de se battre!
GALINOIS.
Le lâche!... Et depuis?...
VERDINET.
Je n'en ai plus entendu parler.

SCÈNE V.

GALINOIS.
Il est parti?

VERDINET.
Et il a bien fait... car si je le rencontrais!...

GALINOIS.
Je vous comprends...

VERDINET.
Mais ces détails m'attristent... et si vous voulez me faire plaisir, Galinois, nous ne parlerons plus de ça!... plus jamais! (Changeant de ton.) Êtes-vous pour longtemps à Bagnères?

GALINOIS.
J'allais partir... ils ont une manière de baigner si désagréable... Mais vous voilà... je reste!

VERDINET, vivement.
Ne vous gênez pas pour moi... je vous en prie...

GALINOIS.
Du tout! du tout! je sais ce qu'on doit à l'amitié... je ne vous quitte plus!

VERDINET.
Excellent ami! (A part.) Que le diable l'emporte! (Haut, avec hésitation.) Et madame? madame est-elle avec vous?

GALINOIS.
Non... cette année, je voyage seul.

VERDINET, à part.
Je respire... c'est bien assez du mari!

SCÈNE V.

LES MÊMES, HENRIETTE, MADAME DÉSAUBRAIS.

HENRIETTE, paraissant au fond et à la cantonade *.
Ma tante! ma tante! le voici!

VERDINET.
Henriette!

HENRIETTE.
Edmond! (Ils se jettent dans les bras l'un de l'autre et s'embrassent.)

GALINOIS, à part.
Tiens! ils se connaissent!

MADAME DÉSAUBRAIS, entrant.
Mon neveu...

VERDINET, l'embrassant.
Chère tante!

HENRIETTE.
Mais que c'est donc gentil à toi d'être venu nous surprendre... Nous ne t'attendions que la semaine prochaine.

* Madame Désaubrais, Henriette, Verdinet, Galinois.

VERDINET.
Vous n'avez donc pas reçu ma lettre?
MADAME DÉSAUBRAIS.
Elle nous arrive à l'instant.
HENRIETTE.
C'est égal... j'étais bien sûre que tu ne resterais pas huit jours encore loin de ta femme...
GALINOIS, surpris.
Hein? sa femme! (Bas à Verdinet.) C'est votre femme?
VERDINET, bas.
Oui... Plus bas!
GALINOIS, bas à Verdinet.
Elle est donc revenue?... Vous l'avez donc reprise?
VERDINET.
Oui... Plus bas!... Je vous expliquerai cela... (Haut, se retournant vers Henriette.) Ma bonne Henriette!
HENRIETTE.
Avez-vous bien pensé à moi, à Paris?
VERDINET.
Oh! ça!
GALINOIS, à part.
La petite gaillarde! Je lui aurais donné le prix Monthyon!
MADAME DÉSAUBRAIS.
Mon neveu... permettez-moi de vous présenter monsieur Galinois...
GALINOIS.
Ah! c'est inutile! nous nous connaissons depuis longtemps.
HENRIETTE.
Ah bah!...
GALINOIS.
J'ai été son confident à une époque...
VERDINET, bas.
Taisez-vous donc!
GALINOIS.
Enfin, je l'ai consolé dans ses malheurs.
HENRIETTE, à Verdinet.
Tu as eu des malheurs, mon ami?
GALINOIS.
C'est vous qui le demandez!...
VERDINET, bas.
Mais taisez-vous donc! (A part.) Il est fatigant ce notaire-là! (Prenant le paquet aux meringues, et le présentant à sa femme.) Tiens, chère amie, regarde...
HENRIETTE.
Qu'est-ce que c'est que ça?
VERDINET.
Tu ne reconnais pas la ficelle?
HENRIETTE.
Des meringues à la pistache!

VERDINET.
Que je t'ai apportées de chez Julien.
HENRIETTE.
Oh! que tu es gentil!
GALINOIS.
Et il lui apporte des meringues à la pistache! (Avec conviction.) Il est excellent cet homme!

JEAN, *entrant par la droite, le livre des voyageurs à la main, à Verdinet.*
Monsieur, votre déjeuner est servi...
VERDINET.
Allons!
JEAN.
Si monsieur veut inscrire son nom sur le livre des voyageurs...
VERDINET.
Plus tard! après déjeuner!

ENSEMBLE.

Air de MANGEANT (des *Vestes*).

VERDINET ET HENRIETTE.
Pour moi quel heureux jour!
J'oublie tout par ta présence;
Les ennuis de l'absence
Font place aux plaisirs du retour.
GALINOIS, MADAME DÉSAUBRAIS, JEAN.
Pour eux quel heureux jour!
Tout s'oublie par sa présence;
Les ennuis de l'absence
Font place aux plaisirs du retour.

(Henriette, madame Désaubrais et Verdinet entrent à gauche.)

SCÈNE VI.

GALINOIS, JEAN.

GALINOIS, à part.
Il paraît qu'il a pardonné, ce brave garçon!...
JEAN, tenant le livre des voyageurs à Galinois.
Monsieur... il vient de nous arriver un grand personnage... un monsieur qui prend pour lui tout seul deux chambres et un salon...
GALINOIS.
Ah! Comment s'appelle-t-il?
JEAN.
Attendez... il vient d'écrire son nom. (Lisant.) « Ernest de Monnerville. »

GALINOIS.
Hein? Monnerville! (Il arrache le livre des mains de Jean.) C'est bien cela!... Lui! dans le même hôtel que Verdinet!

JEAN.
C'est un beau jeune homme... il m'a déjà donné cinq francs...

GALINOIS.
Pourquoi?

JEAN.
Pour ma conversation... Il m'a demandé des renseignements sur toutes les personnes qui habitent l'hôtel... sur les dames surtout...

GALINOIS.
Ah! il s'est informé des dames?

JEAN.
Oui, il m'a l'air d'un amateur.

GALINOIS, à part, très-exalté.
Plus de doute!... il a suivi madame Verdinet... il veut se rapprocher d'elle... Oh! mais je ne dois pas souffrir cela! Edmond est mon ami... Ce monsieur partira... à l'instant! (Haut.) Jean!

JEAN.
Monsieur?

GALINOIS.
Prie M. Monnerville de venir me parler.

JEAN.
A vous?... Oui, monsieur. (Voyant entrer Monnerville.) Le voici!

GALINOIS.
Laisse-nous. (Jean sort.)

SCÈNE VII.

GALINOIS, MONNERVILLE.

GALINOIS, à part, après un échange de saluts muets.
Il est beaucoup mieux que Verdinet. (Haut.) C'est à monsieur Monnerville que j'ai l'honneur de parler?

MONNERVILLE, étonné.
Oui, monsieur.

GALINOIS, appuyant.
Ernest de Monnerville?

MONNERVILLE.
Oui, monsieur... Mais je n'ai pas l'honneur...

GALINOIS, à part.
C'est bien lui! (Haut, d'un ton solennel.) Monsieur, comme ami... comme confident... et j'oserai même ajouter, comme ancien notaire... il est de mon devoir de vous dire...

VOIX DE VERDINET, dans la coulisse.

Garçon ! garçon !

GALINOIS, effrayé, à part.

Ciel ! Verdinet... S'ils se rencontraient !...

MONNERVILLE.

Eh bien, monsieur.

GALINOIS, troublé.

Il est de mon devoir de vous dire... qu'une personne, arrivée de Paris, vous attend sous le vestibule... à l'instant.

MONNERVILLE, étonné.

Comment ! déjà ?... je n'attendais que demain... Merci, monsieur ! (Ils se saluent ; Monnerville sort vivement par le fond.)

SCÈNE VIII.

VERDINET, GALINOIS.

VERDINET, paraissant par la gauche.

Garçon, du feu !

GALINOIS, à part.

Il était temps.

VERDINET.

Pendant que ma femme grignote ses meringues, je vais fumer un cigare.

GALINOIS, à part.

Pourvu que l'autre ne revienne pas !

VERDINET.

Ah ! le livre des voyageurs... Il faut que j'inscrive mon nom. (Il prend le registre.)

GALINOIS, le lui arrachant vivement.

Non, non !... c'est inutile !

VERDINET.

Quoi donc ?

GALINOIS.

Rien... Je viens de l'inscrire moi-même !... (A part.) S'il voyait le nom de Monnerville !...

VERDINET.

Quel air tragique !

GALINOIS.

C'est le soleil... J'ai attrapé un coup de soleil.

VERDINET, prenant le journal resté sur la table.

Le journal de la localité. (Lisant.) « Liste des voyageurs... »

GALINOIS, le lui arrachant.

Non, non !

VERDINET.

Ah çà ! mais...

GALINOIS.
Je l'ai retenu avant vous!
VERDINET.
Oh! je ne suis pas pressé!... Quelle figure féroce!
GALINOIS.
C'est le soleil!
VOIX DE MONNERVILLE, dans la coulisse.
C'est une mauvaise plaisanterie!
GALINOIS, à part, effrayé.
L'autre! (A Verdinet.) Votre femme vous appelle!
VERDINET.
Moi?... Je n'ai rien entendu.
GALINOIS.
Si, on vous demande... (Le poussant.) Allez! allez!... (Verdinet entre à gauche, et Monnerville paraît au fond, à droite.)

SCÈNE IX.

GALINOIS, MONNERVILLE.

GALINOIS, à part.
Il était temps!
MONNERVILLE.
Ah çà, monsieur... c'est une mystification... personne ne me demande...
GALINOIS.
Chut!... Moins haut!... Je voulais vous éloigner.
MONNERVILLE.
Moi?... Pourquoi?
GALINOIS.
Il est ici.
MONNERVILLE.
Qui?
GALINOIS.
Edmond!
MONNERVILLE.
Quel Edmond?
GALINOIS.
Le mari... Verdinet!
MONNERVILLE.
Verdinet?... Je ne connais pas!
GALINOIS.
Bien! jeune homme!... C'est très-bien, d'être discret... mais je sais tout... tout!
MONNERVILLE.
Tout... quoi? (A part.) Il m'ennuie, ce monsieur!

SCÈNE IX.

GALINOIS.

L'histoire de vos amours avec madame Verdinet!

MONNERVILLE, étonné.

Ah! vous savez?...

GALINOIS.

Qu'elle a quitté son mari pour vous.

MONNERVILLE.

Madame Verdinet?

GALINOIS.

Il a bu du laudanum, lui, le malheureux!... Mais il l'a reprise... sa femme!... il a pardonné!

MONNERVILLE.

Oui.

GALINOIS.

Seulement, dès qu'il entend prononcer votre nom, il bondit!... Le passé lui remonte au cerveau, et s'il vous rencontrait...

MONNERVILLE.

Eh bien?

GALINOIS.

Vous ne voudriez pas voir se renouveler ici la scène de Tortoni?

MONNERVILLE.

Quelle scène?

GALINOIS.

Vous savez bien... pendant que vous achetiez *la Patrie*... le gant...

MONNERVILLE.

Le gant?

GALINOIS.

Avec lequel il vous a coupé la figure...

MONNERVILLE.

Hein?

GALINOIS.

Vous avez même refusé de vous battre... Je connais toute l'histoire.

MONNERVILLE.

Pardon, monsieur... De qui tenez-vous ces détails?

GALINOIS.

Du mari lui-même... de Verdinet.

MONNERVILLE.

Ah! c'est lui qui vous a dit que j'avais séduit sa femme?

GALINOIS.

Oui.

MONNERVILLE.

Qu'il m'avait souffleté?

GALINOIS.

Parfaitement.

MONNERVILLE.
Et que j'avais refusé de me battre?
GALINOIS.
Naturellement.
MONNERVILLE.
Moi? Monnerville?...
GALINOIS.
Oui, Ernest de Monnerville.
MONNERVILLE, à part.
Voilà qui devient curieux!
GALINOIS *.
Monnerville, j'ai une prière à vous adresser... comme ami, comme confident... j'oserai même ajouter, comme ancien notaire... Ernest, soyez généreux!... Ne portez pas de nouveau le trouble dans un ménage que vous avez déjà... saccagé.
MONNERVILLE.
Soyez tranquille.
GALINOIS.
Je vous demande plus encore... Il faut vous éloigner.
MONNERVILLE.
Moi?
GALINOIS.

Air : *Partez, madame.*

Par amitié, rendez-moi ce service,
Pour assurer mon repos, mon bonheur,
Accomplissez ce dernier sacrifice...
Il coûtera sans doute à votre cœur;
Mais rendez-vous à la voix de l'honneur.
Obéissez... Dieu, qui nous récompense,
Dans vos douleurs sera votre soutien,
Et vous aurez... là... votre conscience,
Qui vous dira : Monnerville, très-bien!

(Parlé.) C'est convenu... vous allez partir?
MONNERVILLE.
Un instant !
GALINOIS.
Il le faut !... La chambre de Verdinet est là... (Il indique la gauche.) Évitez surtout de le rencontrer... La diligence part à quatre heures... rentrez... faites vos paquets... je vais retenir votre place.
MONNERVILLE.
Mais, permettez...
GALINOIS.
Allons, Ernest, du courage... du courage !... Je vais retenir votre place. (Ils sort vivement par le fond à droite.)

* Monnerville, Galinois.

SCÈNE X.

MONNERVILLE, puis VERDINET.

MONNERVILLE, seul.
Parbleu! je suis curieux de connaître ce mari... qui m'a soufileté... Voici sa chambre. (Il se dirige vers la porte de gauche; Verdinet paraît.) C'est lui, sans doute!

VERDINET, à part*.
Ma femme ne m'appelait pas du tout.

MONNERVILLE, à part.
Je ne l'ai jamais vu. (Haut.) C'est à monsieur Verdinet que j'ai l'honneur de parler?

VERDINET.
Oui, monsieur... Oserai-je vous demander à mon tour...

MONNERVILLE.
Ernest de Monnerville!

VERDINET, à part.
Tiens! ma station existe... (Haut.) Enchanté, monsieur!... Monsieur vient prendre les eaux?

MONNERVILLE.
Il paraît, monsieur, que j'ai séduit votre femme?

VERDINET, étonné.
Comment?

MONNERVILLE.
Ah! ce n'est pas tout!... Il paraît que vous m'avez souffleté... et il paraît que j'ai refusé de me battre...

VERDINET.
Qui a pu vous dire...

MONNERVILLE.
Un de vos amis... un ancien notaire, qui me quitte à l'instant.

VERDINET, à part.
Il ne fait que des sottises, ce vieil animal-là!

MONNERVILLE.
Vous comprenez, monsieur, que tout ceci demande une explication.

VERDINET.
Oh! mon Dieu, monsieur... c'est bien simple... vous allez rire...

MONNERVILLE, froidement.
Je ne crois pas, monsieur.

VERDINET.
J'étais jeune... j'étais garçon... comme vous, peut-être... Je

---

* Verdinet, Monnerville.

courais un peu les femmes... les femmes mariées surtout... comme vous, peut-être.

MONNERVILLE, froidement.

Veuillez continuer.

VERDINET, à part.

Il ne rit pas! (Haut.) J'avais imaginé une ruse charmante... que je vais vous donner... vous pourrez en faire votre profit contre les maris... (Riant.) Ah! ah! les maris!

MONNERVILLE, froidement.

Après?

VERDINET, à part.

Il n'est pas gai!... c'est un gandin... triste!... (Haut.) Je me faisais passer pour un mari trompé... cela inspirait de la confiance; on s'intéressait à moi, on me plaignait... on me consolait... et vous savez... de la pitié à l'amour, il n'y a qu'un pas... (S'efforçant de rire.) Un tout petit pas.

MONNERVILLE, sérieusement.

Pardon, monsieur... mais je ne vois pas ce que mon nom avait affaire dans tout cela.

VERDINET.

Voilà... Pour que ma femme fût séduite... il me fallait un séducteur... Alors, j'ai pris un nom en l'air, un nom de station... Monnerville... ligne d'Orléans... quatre kilomètres d'Étampes... Je me disais, cela n'existe pas... Vous voyez, c'est bien simple, bien innocent... Touchez là, monsieur! (Il lui tend la main.)

MONNERVILLE, froidement.

Je n'ai pas à apprécier, monsieur, le plus ou moins de bon goût de vos ruses galantes... mais il n'en résulte pas moins que M. Ernest de Monnerville a reçu un soufflet et a refusé de se battre.

VERDINET.

Oh! ça!

MONNERVILLE.

Et comme je suis seul à porter ce nom...

VERDINET, s'efforçant de rire.

Et la station?... nous avons aussi la station!

MONNERVILLE, très-sérieux.

Excusez-moi... mais je ne goûte pas cette plaisanterie...

VERDINET, à part.

Il ne rit pas!

MONNERVILLE.

Je n'ai pas besoin de vous dire qu'il m'est impossible d'accepter la position que vous m'avez faite... je vous prie donc de reconnaître publiquement que la scène de Tortoni est de pure invention...

VERDINET.

Publiquement... et ma femme!... Je ne peux pas aller lui raconter...

SCÈNE X.

MONNERVILLE.

C'est juste... mais je vous prie alors de la démentir auprès de M. votre ami.

VERDINET.

Galinois?... Parfaitement! (Se ravisant.) Ah! c'est-à-dire... non! c'est impossible!

MONNERVILLE.

Pourquoi?

VERDINET.

Je ne peux pas aller raconter... (A part.) Le mari!

MONNERVILLE.

C'est votre dernier mot?

VERDINET.

Oui... Si vous saviez... Vous allez rire...

MONNERVILLE.

N'en parlons plus... (Changeant de ton.) Il y a, je crois, grand concert ce soir au salon?

VERDINET.

Oui.

MONNERVILLE.

Vous aimez la musique?

VERDINET.

Beaucoup!... nous y serons tous... la Borghi chante...

MONNERVILLE.

Je compte y aller faire un tour... vers huit heures...

VERDINET, à part.

Il s'adoucit!... (Haut.) Enchanté... j'aurai le plaisir de...

MONNERVILLE.

J'aurai l'honneur de vous marcher sur le pied... à huit heures un quart.

VERDINET.

Hein?

MONNERVILLE.

Vous me ferez l'honneur de vous fâcher...

VERDINET.

Moi?

MONNERVILLE.

Et j'aurai l'honneur de vous donner un soufflet...

VERDINET.

Un soufflet!...

MONNERVILLE.

Oh! un soufflet... de bonne compagnie... avec le gant!...

VERDINET, à part.

Il m'offre ça comme une partie de dominos... (Haut.) Mais, monsieur...

MONNERVILLE, le saluant.

A ce soir, monsieur... huit heures un quart. (Il se dirige vers la porte.)

VERDINET, à part.

Plus souvent que j'irai!

SCÈNE XI.

Les mêmes, HENRIETTE, MADAME DÉSAUBRAIS [*].

HENRIETTE, entrant.

Mon ami, une bonne nouvelle.

VERDINET.

Quoi?

HENRIETTE.

Nous allons au concert ce soir... voilà les billets!

VERDINET, à part.

Allons! bien!

MONNERVILLE, à part.

Ah! c'est là sa femme?... Mais elle est charmante.

MADAME DÉSAUBRAIS, à Verdinet.

Quant à vos meringues, elle n'en a pas laissé une seule.

HENRIETTE.

C'est vrai... j'ai tout mangé... même les...

VERDINET.

Douteuses!

HENRIETTE.

Air nouveau de COUDER.

J'entends partout dire à la ronde
Que chaque femme, dans ce monde,
A son joli petit péché,
Péché mignon toujours caché.
Or, mon ami, quand mon caprice
Ne me donne, ici, pour complice
Que le talent d'un marmiton,
Grâce pour mon péché mignon,
Pardonnez mon péché mignon.

MONNERVILLE, à part.

Quelle ravissante petite femme! (Il s'approche de Verdinet, bas.) Dites donc, j'ai changé d'avis... je ne vous marcherai pas sur le pied.

VERDINET, avec joie.

Hein? vous renoncez au gant?

MONNERVILLE.

J'y renonce.

VERDINET.

Ah! cher ami!... Je disais aussi...

MONNERVILLE.

Savez-vous que vous avez une femme charmante.

[*] Madame Désaubrais, Henriette, Verdinet, Monnerville.

SCÈNE XI.

VERDINET.

N'est-ce pas? Et en toilette!.. vous la verrez ce soir...

MONNERVILLE.

Je l'espère bien!... ce soir... demain... tous les jours...

VERDINET, inquiet.

Comment, tous les jours!

MONNERVILLE.

Dame!... vous m'avez fait passer pour son séducteur...

VERDINET.

Chut!...

MONNERVILLE.

Et comme j'ai horreur du mensonge... je ferai tous mes efforts pour que vous n'ayez pas menti...

VERDINET.

Plaît-il?

MONNERVILLE.

Présentez-moi...

VERDINET.

Ah! mais non! permettez!...

MONNERVILLE, avec menace.

Ah! présentez-moi!

VERDINET, intimidé.

Oui... certainement... C'est que vous disiez : Présentez-moi... (Aux dames.) Mesdames, permettez-moi de vous présenter M. de Monnerville... une station... une connaissance...

MONNERVILLE.

Comment, une connaissance! dites donc un ami... (Passant devant Verdinet.) et un bon ami... (A Henriette*.) Vous me le devez, madame.

MADAME DÉSAUBRAIS.

Comment?

HENRIETTE.

Je vous dois mon mari, monsieur?

MONNERVILLE.

Oui, madame. Il y a trois ans, j'ai été assez heureux pour lui sauver la vie.

VERDINET, à part.

Hein?... Qu'est-ce qu'il chante?...

MONNERVILLE.

Il pêchait à la ligne... au bord de la Marne.

MADAME DÉSAUBRAIS, riant.

Vous pêchez à la ligne?

VERDINET.

Moi?

HENRIETTE.

Tu ne m'avais jamais parlé de ce talent-là! Oh! que je voudrais donc te voir avec un grand bâton! (Elle rit.)

---

* Madame Désaubrais, Henriette, Monnerville, Verdinet.

VERDINET, à part.

Il me rend ridicule, à présent. (Haut.) Je pêche... c'est-à-dire...

MONNERVILLE, lui coupant la parole.

Il était sur un train de bois... comme ça... occupé à ne rien prendre... Tout à coup, le pied lui glisse, il disparaît...

HENRIETTE ET MADAME DÉSAUBRAIS.

Ah! mon Dieu!

VERDINET.

Mais non.

MONNERVILLE.

Hein!... Vous aviez disparu!... Moi, rêveur au pied d'un saule, je regardais couler l'eau. A la vue de ce malheureux qui se débattait dans l'abîme, je me précipite, je plonge, je le ramène!

MADAME DÉSAUBRAIS ET HENRIETTE.

Ah!

MONNERVILLE.

Il m'échappe!

HENRIETTE ET MADAME DÉSAUBRAIS.

Ah! mon Dieu!

MONNERVILLE.

Et redisparaît sous le train de bois... Il était perdu!...

VERDINET.

Mais...

MONNERVILLE.

Vous étiez perdu! Je replonge, je le ressaisis par un bras, je le ramène encore... Sa main crispée m'entrait dans les chairs... mais, qu'importe? je nage, je redouble d'efforts, j'arrive, enfin... il était sauvé!

VERDINET, à part.

Ah çà, quelle histoire leur fait-il là?

HENRIETTE, à Monnerville.

Tant de courage! tant d'abnégation! (Lui tendant la main.) Permettez-moi de serrer la main d'un ami...

MONNERVILLE.

Ah! madame! (Il lui embrasse la main.)

VERDINET, s'interposant.

Mais, monsieur...

MONNERVILLE, bas, à Verdinet.

Charmante! charmante!

MADAME DÉSAUBRAIS, à Verdinet*.

Vous ne nous aviez jamais parlé de cette aventure.

HENRIETTE.

C'est vrai. Est-ce que vous seriez ingrat, mon ami?

VERDINET.

Moi? Mais...

---

* Madame Désaubrais, Henriette, Verdinet, Monnerville.

SCÈNE XI.

MONNERVILLE.

Oh! non, Verdinet n'est pas ingrat! Si vous aviez été témoin de sa joie tout à l'heure, en me retrouvant... ce cher ami!... (Il lui serre la main.)

VERDINET, bas et vivement.

Monsieur, je ne vous connais pas, je vous défends de me serrer la main!

MONNERVILLE*.

Nous venions d'arranger une partie de cheval, en attendant le dîner.

VERDINET.

Une partie de cheval...

MONNERVILLE, à Henriette.

Si madame voulait nous faire l'honneur de se joindre à nous?

HENRIETTE.

Oh! bien volontiers!

VERDINET.

Non, c'est impossible!

HENRIETTE.

Pourquoi?

VERDINET.

Parce que... le temps n'est pas sûr!

MADAME DÉSAUBRAIS.

Un soleil magnifique!

MONNERVILLE.

C'est convenu. Je vais commander les chevaux. (Bas, à Verdinet.) Charmante! charmante!

ENSEMBLE.

Air de MANGEANT (*Koukouli*).

MONNERVILLE.
Je reviens à l'instant,
Le plaisir nous attend,
Que ce jour soit un jour de fête!
Quel avenir s'apprête!
Oui, désormais, ici,
Veuillez me traiter en ami.

HENRIETTE ET MADAME DÉSAUBRAIS.
Revenez à l'instant,
Le plaisir nous attend,
Que ce jour soit un jour de fête!
Quel avenir s'apprête!
Quand nous trouvons, ici,
Un libérateur, un ami!

VERDINET.
Il revient à l'instant,

---

* Madame Désaubrais, Henriette, Monnerville, Verdinet.

Quel embarras m'attend !
Ma mauvaise chance est complète !
Quel avenir s'apprête !
Et comment, aujourd'hui,
Leur dissimuler mon ennui !
(Monnerville sort par le fond, à droite.)

SCÈNE XII.

HENRIETTE, VERDINET, MADAME DÉSAUBRAIS, puis GALINOIS.

VERDINET, avec humeur.

C'est ridicule ! On n'accepte pas ainsi une promenade avec un inconnu !...

HENRIETTE.

Comment, un inconnu ?

MADAME DÉSAUBRAIS.

Un homme qui s'est jeté dans la Marne !

HENRIETTE.

Un jeune homme distingué !

MADAME DÉSAUBRAIS.

Courageux !

HENRIETTE.

Dévoué !

VERDINET.

C'est cela !... montez-vous la tête ! Vous ne savez donc pas...

GALINOIS, entrant vivement par le fond à gauche, un papier à la main.

Voilà votre billet ! La diligence part à 4 heures...

VERDINET, remontant.

Quoi ? quel billet ?

GALINOIS, surpris.

Non... rien... un billet de concert. (A part.) Monnerville est rentré chez lui... je respire * !

HENRIETTE, à Verdinet.

Mon ami, as-tu apporté tes éperons pour monter à cheval ?

VERDINET.

Oui, j'ai tout ce qu'il me faut. (A part.) Nous ne sommes pas encore partis !

GALINOIS.

Vous allez faire une promenade à cheval ?

HENRIETTE.

Un temps de galop, avant dîner.

GALINOIS, à part.

Bravo ! Pendant ce temps-là, j'embarquerai l'autre.

MADAME DÉSAUBRAIS.

Mais j'y pense... nous aurons un cavalier de plus...

* Henriette, Verdinet, madame Désaubrais, Galinois.

SCÈNE XIII.

VERDINET, descendant*.

Encore !... Qui cela ?

MADAME DÉSAUBRAIS.

Un pauvre jeune homme qui est bien triste... Tout à l'heure, en revenant de la poste, il nous a raconté ses malheurs...

HENRIETTE.

Il a tenté de se suicider avec du laudanum.

VERDINET, étonné.

Tiens !

MADAME DÉSAUBRAIS.

Parce qu'au bout de six mois de mariage, il a été trompé par sa femme.

VERDINET, étonné.

Tiens !

GALINOIS, bas à Verdinet.

C'est comme vous.

VERDINET, bas.

Taisez-vous donc ! (Il remonte.)

GALINOIS, à part.

Il se sont donc tous donné rendez-vous ici !

MADAME DÉSAUBRAIS.

Comprend-on qu'une femme soit assez oublieuse de ses devoirs pour quitter le foyer conjugal !

GALINOIS, bas à madame Désaubrais.

Vous avez tort de leur dire ça...

MADAME DÉSAUBRAIS.

Pourquoi ?

GALINOIS.

C'est maladroit !... On ne rappelle pas ces choses-là !

HENRIETTE, à Verdinet.

Nous allons te le présenter... Il devait venir ici à deux heures, pour faire de la musique.

GALINOIS.

Nous tâcherons de la distraire. (Bas à Verdinet qui est descendu.) Un collègue !

VERDINET, à part.

Oh !... qu'il m'agace !...

SCÈNE XIII.

LES MÊMES, HECTOR DE MARBEUF**.

(Hector entre par le fond avec des cahiers de musique sous le bras.)

HENRIETTE, l'apercevant.

Venez, monsieur, que je vous présente à mon mari.

* Henriette, madame Désaubrais, Verdinet, Galinois.
** Henriette, Hector, madame Désaubrais, Verdinet, Galinois.

VERDINET, saluant.

Monsieur... (Le reconnaissant.) Oh!

HECTOR, laissant tomber ses cahiers de musique.

Oh!

HENRIETTE.

Vous vous connaissez?

VERDINET.

Beaucoup... Ce cher Hector... un client! (Bas.) Comment! je vous prête mon fusil... et vous tirez sur moi!

HECTOR.

Je ne savais pas, je vous jure!

GALINOIS, à part.

Du reste, il a bien une tête à ça, le petit!

VERDINET, à part.

Ah! tu fais la cour à ma femme, toi!... Je m'en vais te couler. (Haut.) Il m'a bien souvent raconté ses malheurs... ce pauvre ami! mais, il faut être juste, Hector... tous les torts ne sont pas du côté de madame de Marbeuf.

TOUS.

Comment?

VERDINET, à Hector.

Vous étiez vif, et parfois votre main s'oubliait jusqu'à...

HENRIETTE ET MADAME DÉSAUBRAIS.

Oh!...

GALINOIS.

Frapper une femme!

HECTOR, protestant.

Mais, monsieur!...

VERDINET.

Vous n'étiez pas non plus un mari très-exemplaire... et la chronique parle d'une certaine danseuse...

HENRIETTE ET MADAME DÉSAUBRAIS.

Oh!

GALINOIS.

Une sauteuse!...

HECTOR.

Permettez...

VERDINET, l'interrompant.

Avec laquelle vous fîtes un souper... célèbre!... Vous ne rentrâtes que le matin... encore fût-on obligé de vous rapporter... et dans quel état!...

HENRIETTE ET MADAME DÉSAUBRAIS.

Oh!

GALINOIS.

Des amours alcooliques!

* Verdinet et Henriette, assis sur le canapé; madame Désaubrais, assise près de la table; Hector, Galinois.

SCÈNE XIV.

HECTOR.

Monsieur... mesdames... je vous jure...

MADAME DÉSAUBRAIS.

Assez!... Ma nièce, allons nous habiller!

HECTOR.

Mais...

HENRIETTE.

Assez!... (Elle rentre à gauche avec madame Désaubrais.)

VERDINET, à part.

En voilà un de blessé à mort... A l'autre, maintenant...

HECTOR, à Verdinet.

Ah çà! monsieur, m'expliquerez-vous...

VERDINET.

Assez! assez! (Il entre à gauche.)

HECTOR, à part.

Ah! c'est comme cela! Eh bien, je me vengerai!... (Il veut sortir, Galinois le retient.)

GALINOIS, avec une indignation contenue.

Monsieur, je suis un homme calme... je suis un ancien notaire... Je ne veux pas excuser madame votre épouse... mais je déclare qu'elle a parfaitement fait!

HECTOR.

Eh! vous m'ennuyez!... (A part.) Verdinet me le payera! (Il sort furieux.)

SCÈNE XIV.

GALINOIS, puis JEAN, puis HENRIETTE.

GALINOIS.

Voilà la jeunesse dorée! des danseuses et de l'alcool!... Monnerville doit avoir fermé ses malles... Je crains toujours une rencontre! (Appelant.) Jean! Jean! (A Jean qui entre par la droite.) M. de Monerville est dans sa chambre*?

JEAN.

Non, monsieur; je l'ai aperçu tout à l'heure qui traversait le jardin.

GALINOIS, à part.

Entre chez lui et prends sa malle.

JEAN.

Comment, monsieur...

GALINOIS.

Allons! dépêche-toi! C'est convenu avec lui.

JEAN.

Ah! (Il entre à droite.)

GALINOIS, seul.

Ses bagages une fois enregistrés, je ne le quitte pas jusqu'à

* Jean, Galinois.

l'heure du départ... (Regardant sa montre.) Encore trois quarts d'heure...

JEAN, reparaissant avec les bagages *.

Voilà! monsieur.

GALINOIS.

Porte tout cela à la diligence.

JEAN.

Comment! Ce monsieur part?...

GALINOIS.

Va... Il m'a chargé de payer sa note.

JEAN.

Ah! il part! (Il sort par le fond, à gauche, au moment où Henriette entre par la gauche.)

HENRIETTE, voyant sortir Jean **.

Tiens! qui est-ce qui part donc? C'est vous, monsieur Galinois?

GALINOIS.

Non... (Avec mystère.) C'est lui!... lui!

HENRIETTE.

Qui, lui?

GALINOIS.

Ernest.

HENRIETTE, étonnée.

Ernest.

GALINOIS, lui prenant la main.

Du courage!... plus tard, vous me remercierez!.. bien plus, vous me bénirez! (Il l'embrasse.)

HENRIETTE, se défendant.

Moi!... et pourquoi?

GALINOIS.

Je vais le faire enregistrer. Adieu! (Revenant sur ses pas avec émotion.) Du courage! du courage!... (Il sort par le fond, après l'avoir encore embrassée.)

SCÈNE XV.

HENRIETTE, puis MONNERVILLE, puis VERDINET et MADAME DÉSAUBRAIS, puis GALINOIS.

HENRIETTE.

Mais, qu'a-t-il donc? Depuis ce matin, on dirait qu'il devient fou... Au reste, tout est bouleversé aujourd'hui : notre promenade à cheval, dont je me faisais une fête, mon mari a persuadé à ma tante qu'il n'était pas convenable de la faire

---

* Galinois, Jean.
** Henriette, Galinois.

SCÈNE XV.

avec un jeune homme que nous voyions pour la première fois... Quel ennui !...

MONNERVILLE, entrant par le fond*.

Madame, tout est disposé, les chevaux nous attendent.

HENRIETTE.

Mon Dieu, monsieur, je suis désolée, mais il me faut renoncer à cette partie.

MONNERVILLE.

Comment?

HENRIETTE.

Une migraine subite... Oh! je souffre horriblement.

MONNERVILLE.

Ah! (A part.) Il y a du mari dans cette migraine-là. (Haut.) Pauvre dame, je vous plains bien sincèrement... c'est un si vilain mal...

HENRIETTE, portant la main à sa tête.

Oh! oui.

MONNERVILLE.

Mais, si j'osais vous prier...

HENRIETTE.

De quoi donc?

MONNERVILLE.

De me confier votre main, je guéris les migraines... (Il lui prend la main.) en quelques minutes... par le magnétisme.

HENRIETTE, riant.

Ah bah! vraiment?

MONNERVILLE.

Vous riez, cela va déjà mieux.

HENRIETTE.

Oh! non.

MONNERVILLE.

Permettez! (Il lui tient une main et fait de l'autre des passes. — Verdinet et madame Désaubrais entrent.)

VERDINET.

Hein? que faites-vous donc?

HENRIETTE, retirant vivement sa main et allant à Verdinet.

C'est... c'est monsieur qui prétend guérir les migraines par le magnétisme.

VERDINET, à part.

Est-ce qu'il voudrait endormir ma femme?

MADAME DÉSAUBRAIS, à Monnerville**.

Ah! monsieur... j'aurai recours à vous, car j'ai aussi des migraines horribles.

* Monnerville, Henriette.
** Henriette, Verdinet, madame Désaubrais, Monnerville.

VERDINET, vivement.

C'est ça, magnétisez ma tante. (Bas à madame Désaubrais.) C'est un bon tour à lui jouer.

MADAME DÉSAUBRAIS, piquée.

Qu'appelez-vous un bon tour?

VERDINET.

Non... ce n'est pas cela que je voulais dire.

MONNERVILLE.

Que viens-je d'apprendre, mesdames, il nous faut renoncer à notre partie?

VERDINET.

Complétement. (Avec ironie.) Vous m'en voyez désespéré.

MONNERVILLE.

C'est une heure de plaisir dont vous me privez. (A madame Désaubrais.) Et je demande la permission de la passer auprès de vous.

MADAME DÉSAUBRAIS.

Mais, bien volontiers, monsieur. (Bas à Verdinet.) Il est parfaitement élevé, ce jeune homme.

VERDINET, à Monnerville.

C'est ça; tenez compagnie à ma tante. Henriette et moi, nous allons faire un tour de jardin.

MADAME DÉSAUBRAIS, bas à Verdinet.

Vous n'y pensez pas!

VERDINET, bas.

Quoi donc?

MADAME DÉSAUBRAIS.

Me laisser seule avec ce jeune homme!

VERDINET, à part.

Ah! sapristi! si je m'attendais à celle-là?... (Henriette touche quelques notes.)

MONNERVILLE, allant à elle.

Ah! madame est musicienne?

HENRIETTE.

Oh! comme tout le monde... Et vous, monsieur?

MONNERVILLE.

Oh! très-peu, madame.

VERDINET, à part.

C'est-à-dire pas du tout. (Tout à coup.) Tiens! si je le faisais chanter... un moyen de le couler. (Haut.) Ernest, chantez-nous donc quelque chose pour ces dames.

HENRIETTE ET MADAME DÉSAUBRAIS.

Ah! oui.

MONNERVILLE.

Moi?... J'en suis incapable!

* Madame Désaubrais, Verdinet, Monnerville, Henriette..

SCÈNE XV.

VERDINET.

Allons donc! vous avez une voix charmante et une méthode...

MONNERVILLE.

C'est une plaisanterie!

VERDINET.

Vous nous avez ravi toute une soirée.

MONNERVILLE, étonné.

Quand donc?

VERDINET.

Vous savez bien... le soir où vous m'avez repêché... le soir du train de bois!

MONNERVILLE.

Ah! oui... c'est vrai... je m'en souviens maintenant.

MADAME DÉSAUBRAIS.

Oh! monsieur, je vous en prie...

HENRIETTE.

Voyons, ne vous faites pas prier.

VERDINET, insistant.

Oh! Monnerville, Monnerville!

MONNERVILLE.

Allons, mesdames... puisque vous le voulez... mais je plains vos oreilles.

VERDINET, à part.

Nous allons assister à quelque chose d'atroce. (Haut.) Henriette, ton duo... ton nocturne... ton petit duo de *l'Étoile*... (A part.) hérissé de difficultés! (Il s'est assis près de la table, et madame Désaubrais sur le canapé.)

HENRIETTE, à Monnerville.

Le connaissez-vous?

MONNERVILLE.

Je dois le connaître... Je suis à vos ordres, veuillez commencer.

VERDINET, à part.

Je m'attends à un déluge de couacs!

DUO DE COUDER.

HENRIETTE, chantant.

Le ciel est pur, la nuit est belle,
L'ombre se fait autour de nous;
Là-bas, une étoile étincelle
Fixant sur nous son œil jaloux.

VERDINET, applaudissant.

L'œil jaloux d'une étoile! Très-bien, très-bien! (A part.) A lui, maintenant... nous allons rire!

MONNERVILLE, chantant.
Calme tes craintes, tes alarmes...

VERDINET, étonné.
Tiens !

MONNERVILLE, chantant.
Elle brillait, je m'en souvien,
Le soir, où, tout baigné de larmes,
Mon regard rencontra le tien.

VERDINET.
Brava ! brava ! (A part.) C'est-à-dire, non !... Il a une voix charmante, l'animal.

MONNERVILLE.
Douce étoile de nos amours,
Brille longtemps, brille toujours !

MADAME DÉSAUBLAIS.
Oh ! très-bien... très-bien !

VERDINET, à part.
Sapristi ! je suis vexé de l'avoir fait chanter.

HENRIETTE ET MONNERVILLE, ensemble.
Douce étoile de nos amours,
Brille longtemps, brille toujours !

GALINOIS, entrant *.
Il est quatre heures. (S'arrêtant.) Hein ?... lui, avec elle !

MADAME DÉSAUBRAIS.
Chut ! Taisez-vous donc ! (Elle fait signe à Galinois de s'asseoir.)

Ah ! ah ! ah ! ah !
Brille toujours,
Étoile de nos amours !

GALINOIS, bas, à Verdinet.
Mais, c'est lui... Monnerville ?

VERDINET.
Je le sais bien !

GALINOIS, à part, étonné.
Il lui a donc pardonné aussi ? (Le duo finit.)

MADAME DÉSAUBRAIS, applaudissant.
Oh ! bravo ! charmant ! (Elle va au piano, Verdinet descend avec Galinois.)

HENRIETTE, qui s'est levée **.
Mais vous avez une voix remarquable... n'est-ce pas, mon ami ?

---

* Madame Désaubrais, Verdinet, Galinois, Monnerville, Henriette.
** Galinois, Verdinet, madame Désaubrais, Monnerville, Henriette.

VERDINET.
Oh! oh!
GALINOIS, l'imitant.
Oh! oh!
VERDINET.
Ténor léger.
GALINOIS.
Trop léger!
MADAME DÉSAUBRAIS, à Monnerville.
J'ai entendu cet hiver une romance dont je raffole... et qui est tout à fait dans votre voix : *les Adieux à Venise*.
HENRIETTE.
Je l'ai malheureusement laissée à Paris.
MONNERVILLE.
Je crois l'avoir apportée... et si vous voulez me permettre?..
MADAME DÉSAUBRAIS.
Oh! je vous en prie... allez la chercher.
GALINOIS, à part.
La tante prête les mains à un commerce de romance, oh!
MONNERVILLE, bas à Verdinet, au fond.
Charmante! charmante! (Il entre à droite.)

SCÈNE XVI.

MADAME DÉSAUBRAIS, VERDINET, HENRIETTE, GALINOIS.

VERDINET, à part.
Il me faut prendre un parti... ça ne peut pas durer comme ça! (Haut.) Vite, mesdames, vos malles, vos paquets!... Nous partons!
GALINOIS.
C'est ça, partez!
MADAME DÉSAUBRAIS.
Comment! nous partons?
HENRIETTE.
Et où allons-nous?
VERDINET.
En Suisse... Non, en Italie!
HENRIETTE.
Comme cela... tout de suite?
MADAME DÉSAUBRAIS.
Mais, qu'est-ce qui vous prend?
VERDINET.
C'est cette romance dont vous avez parlé... Venise!... Je veux voir Venise!
GALINOIS.
Venezia la Bella!

HENRIETTE.
Mais, nous connaissons l'Italie.
VERDINET.
L'ancienne!... pas la nouvelle!
GALINOIS.
Ça ne se ressemble pas.
VERDINET.
Allons!... vite, vite!
MADAME DÉSAUBRAIS.
Mais, mon neveu...
HENRIETTE.
Mais, mon ami...
VERDINET.
Vos malles! vos paquets! (Elles sortent.)

SCÈNE XVII.

VERDINET, GALINOIS, puis JEAN.

VERDINET, avec animation.
Il marche, mon ami, il avance, il fait des progrès!
GALINOIS.
Mais il ne peut pas en faire plus qu'il n'en a fait.
VERDINET, étonné.
Hein? Ah! oui... c'est juste!
JEAN, entrant, un bouquet à la main, à Galinois.
Madame Verdinet n'est pas là?
VERDINET *.
Qu'est-ce que tu lui veux? (Voyant le bouquet.) Un bouquet!... pour ma femme! (Il le prend.)
JEAN.
Mais, monsieur.
VERDINET.
Laissez-nous... Sortez! (Jean sort. Verdinet trouve un papier dans le bouquet.) Un billet!
GALINOIS.
Ce Monnerville est cynique... rien ne l'arrête.
VERDINET, ouvrant le bouquet.
Tiens!... ce n'est pas de lui!
GALINOIS.
Il y en a un autre?
VERDINET, voyant la signature.
Hector de Marbeuf.
GALINOIS.
Le petit!

* Verdinet, Jean, Galinois.

VERDINET, lisant.

« Madame, je vous aime trop pour vous tromper... » (Parle.) Ah! le drôle! il payera pour tout le monde... Tenez, lisez ! (Il remet le billet à Galinois.)

GALINOIS, mettant son binocle et lisant.

« Madame, je vous aime trop pour vous tromper... je pars, mais je tiens à ne pas vous laisser de moi une opinion que je ne mérite pas... M. Verdinet m'a calomnié... »

VERDINET, très-exalté.

Paltoquet!

GALINOIS, lisant.

« Je n'ai jamais été marié... ni trompé... »

VERDINET.

Ça, c'est vrai !

GALINOIS, lisant.

« C'était une ruse qui m'avait été suggérée par monsieur votre mari. »

VERDINET.

Exact!

GALINOIS, lisant.

« Et qui lui avait parfaitement réussi à Plombières... il y a trois ans. »

VERDINET.

Parfaitement!... Figurez-vous... (S'arrêtant en voyant Galinois.) Oh!

GALINOIS.

« Pour séduire la femme d'un imbécile de notaire... »

VERDINET, reprenant le billet.

Assez!... Donnez!

GALINOIS, cherchant.

Voyons donc?... Un imbécile de notaire à Plombières, il y a trois ans ; mais il n'y avait que moi d'imb... de notaire à Plombières.

VERDINET, à part.

Patatras!

SCÈNE XVIII.

LES MÊMES, MONNERVILLE.

MONNERVILLE, sortant de sa chambre *.

Garçon!... où diable sont mes malles?

GALINOIS.

Sur l'impériale de la diligence !

MONNERVILLE.

Comment?

* Verdinet, Galinois, Monnerville.

GALINOIS.

Mais, vous voilà, tout va s'éclaircir... Monsieur Monnerville, soyez franc : vous n'avez jamais connu madame Verdinet... vous n'avez jamais reçu de Tortoni sur la figure... c'est-à-dire, enfin... je sais tout.

MONNERVILLE.

C'est vrai !

GALINOIS.

Ainsi, cette comédie était inventée pour tromper un imbécile de notaire.

MONNERVILLE.

Ah bah !

GALINOIS.

Oui, monsieur, et c'était moi l'imb... le notaire.

MONNERVILLE, *riant*.

Comment ?

GALINOIS, à Verdinet, d'un air sombre.

Mais, tout n'est pas fini, monsieur.

VERDINET, à Galinois.

Pas d'éclat !... Je suis à vos ordres !

GALINOIS, voyant entrer Henriette et madame Désaubrais.

Chut ! ces dames !

SCÈNE XIX.

LES MÊMES, HENRIETTE, MADAME DÉSAUBRAIS [*].

MADAME DÉSAUBRAIS.

Nous voilà prêtes !

HENRIETTE.

Eh bien, partons-nous ?

VERDINET.

Plus tard !... Avant, j'ai une affaire à régler avec M. Galinois.

HENRIETTE ET MADAME DÉSAUBRAIS, étonnées.

Tiens !

MONNERVILLE [**].

Puisque vous restez, mesdames, je vous demanderai la permission de vous présenter ma femme, qui arrive demain, avec sa mère.

VERDINET, HENRIETTE, MADAME DÉSAUBRAIS.

Vous êtes marié ?

MONNERVILLE.

Depuis quinze jours... et je suis venu pour retenir l'appartement de ces dames.

---

[*] Madame Désaubrais, Henriette, Verdinet, Monnerville, Galinois.
[**] Madame Désaubrais, Henriette, Monnerville, Verdinet, Galinois.

VERDINET, à part.

Ah! si je l'avais su!

MONNERVILLE, bas, à Verdinet.

Vous êtes bien heureux que je sois marié... sans cela...

VERDINET, lui serrant la main.

Cher ami, je vous comprends! (A part.) Voilà une affaire réglée. A l'autre. (A Galinois.) Votre heure, monsieur?

GALINOIS, bas.

Ah! vous êtes bien heureux que je ne sois pas marié... sans cela...

VERDINET.

Comment, cette dame aux mains colorées...

GALINOIS, à l'écart.

Chut! une faiblesse!

VERDINET, joyeux.

Ah bah! c'était...

GALINOIS.

Une dame de compagnie... qui daignait, de temps à autre, me faire des petits plats sucrés.

VERDINET, à part.

Hein?... sa cuisinière?...

ENSEMBLE.

Air de COUDER.

La douce, l'heureuse existence,
Chaque jour nous amène ici
Une nouvelle connaissance,
Qui, plus tard devient un ami.

VERDINET, au public.

Air d'*Yelva*.

J'ai fait ce soir un acte téméraire;
J'ai dévoilé mes ruses d'autrefois.
Pour s'en servir, plus d'un célibataire
Applaudira du geste et de la voix.
Mais les maris vont me trouver infâme;
Pas de fureur! c'est assez, je le sais,
D'avoir osé compromettre ma femme
Sans compromettre encore le succès.
Je me dirai : j'ai compromis ma femme,
Mais je n'ai pas compromis le succès.

FIN.

www.ingramcontent.com/pod-product-compliance
Lightning Source LLC
Chambersburg PA
CBHW060511050426
42451CB00009B/928